DIE KLEINEN LESEDRACHEN

Ritter Konradin und das rülpsende Pfer

Chiara Maifeld
mit Bildern von Pia Eisenbarth

2. Schuljahr

Klett Lerntraining

Bald ist das Turnier

Morgen ist das große Ritterturnier.
Zum letzten Mal will Ritter Konradin
für das Turnier üben.
Sein Knappe Fridolin hilft ihm
in die Rüstung.

„Quietsch!“, macht die Rüstung.
„Fridolin! Du hast die Rüstung
nicht geölt!“, schimpft Konradin.
„Die Rüstung quietscht
bei jedem Schritt!
Alle werden mich auslachen!“
Fridolin bekommt einen roten Kopf.

Ritter Konradin und Fridolin
gehen zum Stall.
Doch was ist mit dem Pferd los?
„Rülps!“, macht das Pferd.
Und sein Kopf wird ganz grün.

„Was hast du denn
mit dem Pferd gemacht?“,
fragt Konradin entsetzt.
Fridolins Gesicht wird feuerrot.
„Ich habe ihm
das falsche Futter gegeben“,
gibt er leise zu.

„Heute geht auch alles schief!“, seufzt Konradin.
„Und das kurz vor dem Turnier!
Niemals werde ich gewinnen!“

Schlecht gelaunt steigt er auf den Burgturm.
Er schaut von oben in den Burghof.
Alles wird für das Turnier vorbereitet.

Lese-Rallye: Teil 1

Start

1

Was quietscht, als Fridolin Ritter Konradin hilft?

- [ ] die Stalltür
- [ ] die Ritterrüstung
- [ ] das Wagenrad

2

Warum bekommt Fridolin ein rotes Gesicht?

- [ ] Er schämt sich.
- [ ] Er ist zu schnell gelaufen.
- [ ] Er ist wütend.

Warum geht es
dem Pferd nicht gut?

- [ ] Es stand zu lange in der Sonne.
- [ ] Es will nicht am Turnier teilnehmen.
- [ ] Es hat das falsche Futter gefressen.

3

Wie könnte das Pferd
von Konradin heißen?

- [ ] Paula Pfefferfell
- [ ] Rita Rülpsnase
- [ ] Freia Feuerhuf

Fridolins Idee

Fridolin sitzt im Stall.
„Oh je, dem Pferd geht es
wirklich nicht gut.
Jetzt ist es langsam
wie eine Schnecke!“, sagt er.
„Und ich bin schuld! Das muss ich
wiedergutmachen!“

Fridolin denkt lange nach.
„Ich hab's!", ruft er plötzlich.
„Ich muss zu Zauberer Magix
in den Wald!
Er hat sicher ein Zauberkraut,
das das Pferd gesund macht."

Knappe Fridolin schleicht sich heimlich aus der Burg.
Es ist schon dunkel.
Nachts war er noch nie alleine im Wald.
Er hört merkwürdige Geräusche.

„Krah!“ Mit einem lauten Schrei fliegt ein riesiger Vogel vorbei.
Oder war es ein Gespenst?
Fridolin schlottern die Knie.

„Macht nichts“, sagt er.
„Auch wenn ich mich fürchte, ich gehe trotzdem!“

Lese-Rallye: Teil 2

Was will Fridolin vom Zauberer?

- [ ] einen Zaubertrank
- [ ] ein Zauberkraut
- [ ] einen Zauberstab

Warum schlottern Fridolin die Knie?

- [ ] Er fürchtet sich.
- [ ] Ihm ist kalt.
- [ ] Er ist müde vom Laufen.

Warum geht Fridolin
trotz seiner Angst zum Zauberer?

☐ Er will seinen Freund, den Zauberer besuchen.
☐ Er will ein Zauberkraut pflücken.
☐ Er will seinen Fehler wiedergutmachen.

3

Was fliegt an Fridolin vorbei?

☐ ein Gespenst
☐ ein riesiger Vogel
☐ ein Ufo

Das magische Kraut

Endlich steht Fridolin vor der Hütte
des Zauberers.
Er klopft an.
„Heda! Wer stört mich
mitten in der Nacht?“
„I-i-ich! Entschuldigung“,
stottert Fridolin.

Da geht die Tür auf.
Zauberer Magix kommt heraus.
„Ach, du bist das, Fridolin!
Warum kommst du so spät zu mir?“
Fridolin erzählt ihm
von dem kranken Pferd und
Ritter Konradins Turnier.

Magix runzelt die Stirn.
„Ich habe das richtige Zauberkraut
für dein Pferd“, sagt er.
„Aber es wirkt nicht sofort.
Außerdem nimmt es zwar
deinem Pferd die Übelkeit.
Dafür wird jemand anderem
eine Stunde schlecht.
Doch keiner weiß, wem!“
„Das macht nichts“, sagt Fridolin.

Zauberer Magix verschwindet
in der Hütte.
Er kommt mit dem Kraut zurück.
„Gib das dem Pferd“, sagt er.
„Danke!“, ruft Fridolin.

Schnell rennt er zurück zur Burg
und füttert das Pferd.

Lese-Rallye: Teil 3

1

Wo wohnt der Zauberer?

- [ ] in einer Hütte im Wald
- [ ] in einem Baumhaus
- [ ] in einer Höhle

2

Wie lange wird jemand anderem schlecht werden?

- [ ] einen Tag
- [ ] eine Stunde
- [ ] zwei Stunden

Wer muss das Kraut essen?

☐ Ritter Konradin
☐ das Pferd
☐ Knappe Fridolin

3

Welcher Zauberspruch passt?

☐ Zauberkraut und Krötendreck,
das Blau war hier und ist jetzt weg!

☐ Zauberkraut und Krötendreck,
das Grün war hier und ist jetzt weg!

☐ Zauberkraut und Eulenschrei,
kommt das Grün zu mir herbei!

Der große Tag ist da

Am nächsten Morgen ist das Pferd
immer noch grün! Fridolin sattelt es.

Da kommt schon Konradin.
Fridolin hilft ihm in die Rüstung.
„Quietsch!“, macht sie wieder.
„Du hättest sie heute Nacht
ölen sollen“, meint Konradin.
„Ging leider nicht“, murmelt Fridolin.
„Ein grünes Pferd und
eine quietschende Rüstung“,
stöhnt Konradin.

„Egal. Ich trete trotzdem an.
Vielleicht hat mein Gegner,
Ritter Bolko, auch ein Problem!“

Konradin reitet in den Burghof.

Der stolze Ritter Bolko
wartet schon.
Konradin sieht gleich:
Bolko hat kein Problem.
Sein Pferd ist gesund.

Das Turnier beginnt.
Sofort greift Ritter Bolko an.
Konradin kann seiner Lanze
gerade noch ausweichen.

Bolko startet den nächsten Angriff.
Da passiert etwas Seltsames.
Konradins Pferd schüttelt sich.
Und plötzlich ist die grüne Farbe
aus seinem Gesicht verschwunden.
Es ist wieder gesund!

Schnell reitet Konradin los.
Er richtet seine Lanze
genau auf Ritter Bolko.
Und tatsächlich! Er trifft ihn.
Ritter Bolko fliegt im hohen Bogen
vom Pferd.

„Hurra!“, ruft Fridolin. „Gewonnen!“
Die Zuschauer klatschen.
„Toll!“, ruft auch Burgfräulein Rea.
Konradin verbeugt sich vor ihr.
„Quietsch!“, macht die Rüstung.
„Der Ritter quietscht ja!“
Alle Zuschauer lachen.
Und Fridolin bekommt
einen roten Kopf!
Das Burgfräulein setzt
Ritter Konradin
den Siegerkranz auf.

„Rülps!“, macht Konradin plötzlich.
Und er wird ganz grün im Gesicht.
„Keine Sorge“,
tröstet Fridolin grinsend.
„Schon in einer Stunde kannst du
wieder mit uns feiern!“

Lese-Rallye: Teil 4

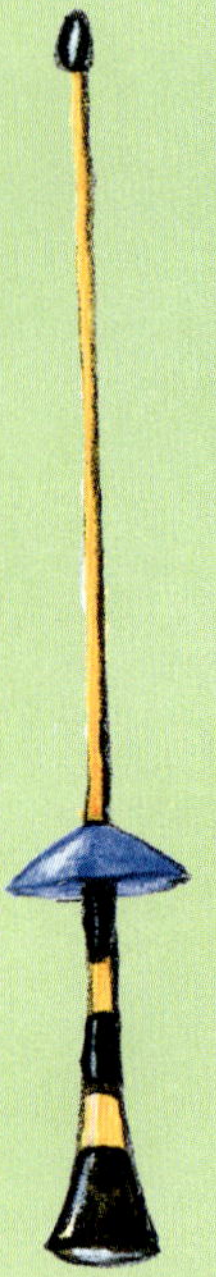

Wo findet das Turnier statt?

- [ ] auf einer Wiese vor der Burg
- [ ] im Burghof
- [ ] im Wald

1

Wer gewinnt das Turnier?

- [ ] Ritter Bolko
- [ ] der Knappe Fridolin
- [ ] Ritter Konradin

2

Warum hat Fridolin die Rüstung
in der Nacht nicht geölt?

- ☐ Er hatte keine Zeit.
  Er war beim Zauberer.
- ☐ Er hatte kein Öl mehr.
- ☐ Er hat es einfach vergessen.

3

Warum wird Konradin
grün im Gesicht?

- ☐ Das Zauberkraut hat die Übelkeit
  vom Pferd zu ihm gezaubert.
- ☐ Ritter Bolko hat ihn genau
  in den Bauch getroffen.
- ☐ Er ist in einen Pferdeapfel gefallen.

Lösungen

Lese-Rallye: Teil 1

1. die Ritterrüstung
2. Er schämt sich.
3. Es hat das falsche Futter gefressen.

Rita Rülpsnase

Lese-Rallye: Teil 2

1. ein Zauberkraut
2. Er fürchtet sich.
3. Er will seinen Fehler wiedergutmachen.

ein riesiger Vogel

Lese-Rallye: Teil 3

1. in einer Hütte im Wald
2. eine Stunde
3. das Pferd

Zauberkraut und Krötendreck,
das Grün war hier und ist jetzt weg!

Lese-Rallye: Teil 4

1. im Burghof
2. Ritter Konradin
3. Er hatte keine Zeit. Er war beim Zauberer.

Das Zauberkraut hat die Übelkeit
vom Pferd zu ihm gezaubert.

Liebe Eltern,

Sie haben sich für ein Buch der **kleinen Lesedrachen** entschieden. Eine gute Wahl, denn mit diesen Erstlesebüchern des Schulbuchprofis Klett unterstützen Sie optimal den Leselern-Prozess Ihres Kindes.
Lesen als Basiskompetenz muss immer wieder trainiert und gefördert werden, damit Ihr Kind zu einem selbstbewussten und kompetenten Leser wird. Dabei darf es jedoch weder überfordert noch abgeschreckt werden.
Die kleinen Lesedrachen bieten Ihrem Kind eine motivierende Rundum-Leseförderung: **Lesen – Verstehen – Wissen und Handeln.** Ihr Kind erfährt durch Erfolgserlebnisse Lesen positiv und anregend und wird so zunehmend zum Lesen verführt.

LESEN

Die spannenden Geschichten der kleinen Lesedrachen fördern die Leselust:

- Geschichten und Themen entsprechen den Interessen und Vorlieben der Kinder.
- Kindgerechte Illustrationen unterstützen und ergänzen den Text.
- Verschiedene Lesestufen bieten den passenden Lesestoff für Leseanfänger bis zum fortgeschrittenen Leser.

Lesestufen

3. Schuljahr **für fortgeschrittene Leser**
längere Texte, Fibelschrift, textbegleitende Bilder, komplexe Geschichten, 48 Seiten

2. Schuljahr **für Erstleser**
längere Textabschnitte, längere Zeilen, große Fibelschrift, viele Bilder, komplexere Geschichten, 32 Seiten

1. Schuljahr **für Leseanfänger**
kurze Textabschnitte, kurze – nach Sinnabschnitten – gegliederte Zeilen, extra große Fibelschrift, hoher Bildanteil, einfache, klar strukturierte Geschichten, 32 Seiten

Erfolgserlebnis: Ich kann lesen!

Das Lesen eines ganzen Kapitels, gar eines ganzen Buches macht Ihr Kind stolz. Dabei können die beschriebenen Lesestufen nur ein Anhaltspunkt sein. Wichtig ist, Ihr Kind nicht zu überfordern und es – eventuell auch mit einem Buch einer niedrigeren Lesestufe – zum Lesen zu motivieren.